I0098544

L'INFLUENCE

DE LA RÉVOLUTION

SUR L'HISTOIRE

DE LA NATION FRANÇAISE;

DISCOURS,

PAR le Citoyen SAINT-JEAN, ci-devant Profeſſeur au College National.

Lû au Temple de la Raiſon le 20 Germinal, l'an 2ᵉ de la République Françaiſe une & indiviſible.

A TOULOUSE,

De l'Imprimerie du Citoyen BAOUR le Fils, rue Saint-Romain, 3e. Section, N°. 22.

An IIᵉ. de la République Françaiſe.

Si la France a vu, à quelques époques, des hommes supérieurs sous des Rois, n'est-ce pas pendant les luttes vigoureuses entre le despotisme & la liberté (2) ? Lorsque les droits du peuple ont été étendus, les usurpations de l'autorité arrêtées, l'esprit public ranimé ; lorsque la hardiesse du raisonnement, des opinions & des murmures, donnaient à la Nation une attitude plus imposante ? Aujourd'hui qu'elle est enfin rendue à sa dignité originaire, qu'elle a recouvré les droits qu'elle tenait de la Nature & du Pacte social ; qu'elle est, pour ainsi dire, dévorée de la fièvre de la Liberté ; que de grands hommes ne va-t-elle pas faire éclore ? Déjà elle a produit de savans Politiques, des Penseurs profonds, des Héros intrépides ; elle va faire naître de grands Historiens.

J'ouvre les annales du monde : je ne vois de sublimes Historiens que parmi des hommes libres : les *Hérodote*, les *Thucidide*, les *Xénophon* & les *Salluste* étaient tous Républicains : l'astre de la Liberté se leva sur leur berceau, il embellit leurs jeunes années, il vivifia leur âge mûr, il se réfléchit sur les derniers momens de leur existence. Qu'importe que les *Tite-Live* & les *Tacite* aient vécu sous des Empereurs ? La vigueur du génie qu'ils avaient puisée dans des temps de trouble & d'orage (3), a passé dans leurs écrits : la verge du despotisme pouvait menacer leur corps, elle n'atteignit point leur âme : ils louèrent *Brutus* & *Cassius* devant *Auguste*, *Germanicus* sous les *Claude*. En vain étaient-ils poursuivis par l'œil vigilent & infatigable de la tyrannie ; leur âme sensible lui dérobait le mystère de ses jouissances, le plus précieux de ses mouvemens, la satisfaction de s'indigner contre le crime, l'ineffable plaisir de s'enthousiasmer pour la vertu.

La Poésie & l'Éloquence peuvent sans doute s'élever

au grand fous des Princes ambitieux , parce que ces arts menfongers s'allient avec les fyftêmes d'oppreffion : mais l'Hiftoire , libre & vraie de fa nature , importune l'o-reille des Rois ; ils craignent de voir la fentence de la Poftérité déjà gravée fur leur tombe : s'il eft peu d'hom-mes qui aient le courage de dire des vérités utiles , mais dangereufes ; il eft peu de Souverains qui foient affez grands pour les entendre : pour un Empereur Chinois (4) qui encourage la véracité des Hiftoriens , combien de monftres qui les oppriment ! *Clio* (5) eût-elle jamais de Temple fous les Tyrans de *Syracufe* , & dans les murs de *Sybaris* ?

C'eft peu pour la tyrannie d'empêcher les grands Hiftoriens de naître , elle les punit encore s'ils ofent jamais fe montrer. Si , comme ces plantes vigoureufes qu'on voit croître fur des rochers , quelqu'un de ces Génies extraordinaires ofe alors élever la voix , au milieu des bourreaux & des victimes ; une mort ignominieufe & cruelle eft le prix de fon audace : lorfque les hommes font dégradés , l'excès du courage eft un crime. O Rufti-cus ! ô Senecion ! fi vous aimiez la vie , pourquoi écrire fous Domitien l'hiftoire d'Helvidius & de Thraféa ? Ne faviez-vous pas que l'éloge de la vertu eft un reproche tacite contre un oppreffeur & un monftre ? Les Apôtres de la vérité fous un Tyran , font bientôt immolés pour elle (6).

O ma Patrie ! tu auras donc enfin une Hiftoire ! Ils fortiront de leur longue léthargie ces hommes fupérieurs , faits pour tranfmettre à nos neveux les vices & les vertus des Français : les talens , endormis dans le fein de la Nature , ne s'éveillent & ne s'enflamment que par l'in-fluence de la liberté. Le génie , en racontant les faibleffes de l'efpèce humaine , ne fe reffentira plus de cette contrainte aviliffante qui le forçait de taire la vérité, ou de la déguifer dumoins fous les couleurs de l'allégorie. Se reffaififant de fon domaine, fe rapprochant de fon inf- titution, notre Hiftoire ne fera plus celle de quelques Rois, de quelques Généraux, de quelques Politiques, de quelques Savans ; elle fera celle d'un Peuple. Elle pourra dénoncer à l'opinion publique ce fafte afiatique fous lequel des âmes de boue cachent leur éternelle nul- lité : les menées de l'ambition ; les baffeffes de l'intrigue ; les foupleffes de l'hypocrifie ; ces corrupteurs de l'efprit public ; ces déprédateurs de la fortune nationale ; ces ennemis de la Patrie, fous les dehors raifonnés du pa- triotifme ; ces Républicains de circonftance, qui ont fans ceffe fur les lèvres la dénomination facrée de Citoyen, mais qui foupirent après des chaînes, & portent au fond du cœur le regret de ne pouvoir pas fe dégrader.

Il fera déchiré par l'Hiftorien le voile qui nous a caché jufqu'à ce jour le véritable mobile des actions des Fran- çais. La clémence qui pardonne, ne fera plus que le mou- vement d'une vanité qui infulte, ou de la faibleffe qui n'ofe punir ; le courage, un accès de férocité, ou le mouvement convulfif d'une âme troublée ; la patience, une impuiffance de fe venger ; la bienfaifance, un or- gueil qui fe paye d'avance de ce qu'il donne ; la recon- naiffance, une flatterie intéreffée d'un cœur ingrat ; la fermeté, une obftination de caractère ; la politeffe, un commerce de fourberie ; la fincérité, une imprudence habituelle : toutes les actions enfin, afforties fur l'idée que des hommes futiles & dégradés fe forment de la vertu, feront examinées au creufet de la vérité & de l'auda- cieufe indépendance.

Sous l'empire des Rois, dans des temps de diffimula- tion & de perfidie, le cœur de l'homme échappe à l'Hiſtorien : pour découvrir ſon véritable caraĉtéré ; il doit creuſer dans ſes intentions les plus ſecrettes ; cher-cher le Minotaure dans ce labyrinthe tortueux ; & il ne peut y pénétrer , y porter le flambeau de l'examen , parce que ſouvent le premier fil lui échappe. Dans une République , où les aĉtions du Citoyen portent l'em-preinte de ſa liberté ; où rien ne l'oblige à jeter un voile ſur ſes vices & ſes vertus ; où la plus légère obſervation ſuffit pour découvrir des traits de caraĉtère qui trahiſſent & décèlent les plus diſſimulés ; le tableau de l'humanité doit être néceſſairement plus fidelle ; le burin de l'Hiſto-rien , mieux prononcé. S'il doute alors , c'eſt par pru-dence ; s'il ſe décide , c'eſt par conviĉtion ; s'il pronon-ce , c'eſt avec certitude : ſon inflexible impartialité tient la balance , elle la met en équilibre ; il ne la laiſſe pen-cher qu'en faveur de la vérité.

Eh ! comment pourrait-on trouver des inſtruĉtions fi-delles dans nos Hiſtoriens ? La crainte, la haine, ou l'intérêt avaient diĉté leurs jugemens. Si , à de longs in-tervalles , quelque Souverain bienfaiſant avait tenu les rênes de l'Empire , la reconnaiſſance ou l'enthouſiaſme avaient dirigé la plume des Ecrivains : leur âme flétrie par l'empreinte de ſes chaînes , n'oſait prendre ſon eſſor ; leur premier ſentiment était celui de l'admiration ou de l'indulgence. Flatter les mauvais Princes , pendant leur vie , par crainte ; les calomnier , après leur mort , par reſſentiment ; voilà les faſtes de la Nation. Il fallait que la chûte du trône mît enfin la vérité entre les mains du géuie. Ce n'était pas à un Affranchi de Pompée (7) à écrire les annales du Peuple-Roi.

L'Hiſtoire , a dit l'ingénieux Fontenelle , n'eſt qu'une fable convenue ; s'il parlait de celle qui eſt écrite par des âmes viles , & ſous la diĉtée des oppreſſeurs , ſa penſée

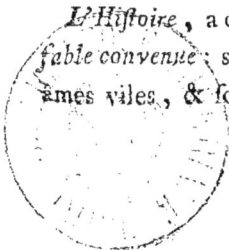

eft jufte, belle & profonde. Jufqu'à préfent fans doute le menfonge était le lien de la fociété : le langage auftère de la vérité en eût altéré l'harmonie : il exiftait entre les Français une convention tacite de fe l'épargner mutuellement ; cette Fille du Ciel, profcrite du commerce des hommes, immolée aux égards, livrée à l'animofité, déguifée par les uns, facrifiée par les autres, odieufe à tous, s'était vue forcée de fe bannir de la terre : aujourd'hui qu'elle eft devenue l'idole des Français, elle aura toujours au moins un afile facré dans l'Hiftoire ! C'eft à préfent que l'Hiftorien pourra exercer les fonctions de fon augufte miniftère ; citer devant lui tous les Français ; les appeler en jugement ; étudier le caractère, les mœurs, les intérêts . les paffions de chaque témoin ; compter, pefer, apprécier leur témoignage ; & de la même main qu'il élevera des autels au défintéreffement, au patriotifme, à l'humanité ; l'orgueil, l'ambition, la cupidité, la vengeance feront traînées au tribunal de l'incorruptible avenir.

Non, vous n'échapperez plus au burin redoutable de l'Hiftoire, vous dont l'exiftence funefte a répandu fur vos femblables cette longue amertume qui empoifonna leurs jours ! votre vie a échappé à la vengeance ; les lois n'ont pu vous atteindre ; votre mémoire eft abandonnée à l'Hiftorien : il attachera l'ignominie à vos mânes : pourfuivis par l'exécration publique, on vous haïra même dans les tableaux qui retraceront vos noirceurs : vous aurez contre vous le paffé, le préfent, l'avenir même : les maux que vous avez faits à la France appartiendront à toute l'humanité ; & quoique vous n'ayez vécu que quelques jours, vous ferez l'horreur de tous les fiècles.

O vous ! qui pour la gloire des Français & l'admira-

tion du monde , voudriez déjà tranſmettre à l'avenir
l'hiſtoire du XVIIIe. ſiècle ; avant de vous abandonner
à cette douce impulſion , attendez que l'opinion publique ſoit formée : ce n'eſt pas lorſque les paſſions ſont en
activité , qu'on peut apprécier & les événemens & les
hommes : il faut laiſſer au temps le ſoin d'épurer des
ſources fétides , de diſſiper des préjugés , de détruire des
erreurs , & de faire , ſur leurs débris , ſurnager la vérité :
mais alors qu'il vous ſoit permis de vous livrer à votre
enthouſiaſme ; que les hommes qui ont figuré avec éclat
ſur ces ſcènes brillantes , ſoient offerts à notre reconnaiſſance , & à l'hommage de l'univers. Si , dans leurs jeunes
années , ils avaient payé le tribut à l'humanité par quelques faibleſſes , n'allez pas , comme ces *Aretins* (8)
lexicographes , rapprocher les premiers inſtans d'un âge
équivoque , où le génie n'avait pas encore rompu ſes
liens , avec les talens & les vertus qu'ils ont montré ,
comme défenſeurs d'un grand peuple , comme vengeurs
de l'humanité : de légères imperfections s'effacent en
paſſant à travers les ſiècles ; telles des eaux empoiſonnées
& fangeuſes qui ſe jettent dans l'océan , ne reſtent pas
long-temps dans ſon ſein , ſans y dépoſer les matières
hétérogènes qu'elles récèlent , & ſans participer bientôt
à ſa ſaveur incorruptible & à ſa conſtante majeſté.

Que les prodiges enfantés par la révolution , ſoient
alors l'objet des pinceaux de l'Hiſtorien : pour étonner
les races futures , il n'aura beſoin que d'être fidelle :
c'eſt le propre des Héros de la Liberté , que leur hiſtoire
ſoit leur éloge. Qu'importent les criſes douloureuſes par
leſquelles nous aurons paſſé pour reconquérir nos droits ,
ſi nous leur devons & notre bonheur & notre gloire !
ſans ces mouvemens convulſifs , le Français ne ſerait-il
pas encore eſclave ? Par eux , il a oſé briſer ſes chaînes ;

déterrer, fous les ruines du defpotifme, la grande charte de la nature : dans fon énergique fureur, il s'eft armé contre la tyrannie, & ce monftre n'exifte plus. Qu'ils tremblent à leur tour ces defpotes coalifés, ces tyrans orgueilleux qui ofent combattre des hommes libres : le peuple Français eft levé : ce coloffe impofant, inébran-lable fur fa bafe, eft fort de fa conftance, de fon en-thoufiafme, de fon invincible fierté. Encore quelques jours, & l'aurore de la Liberté va luire fur leurs trônes, & leur ignominie vengera le genre humain. Il ne fallut que les cent mains de Briarée (9), pour puuir les Dieux révoltés.

Mon enthoufiafme pour la révolution me féduit peut-être ; mais je vois dans l'avenir s'élever un homme de génie qui vengera les Français, outragés par nos hifto-riens. S'il faut être jufte envers les contemporains, il faut l'être encore envers les morts ; & il eft beau de s'enflammer pour des cendres froides & inanimées ! En-traîné par fon enthoufiafme pour les talens fublimes, les hautes vertus, les grands facrifices, il s'empreffera de réparer de longues injuftices, de fixer l'opinion publi-que fur les hommes célèbres, de leur affurer un fouve-nir honorable, le feul bien qui leur foit refté fur la terre qu'ils ont quittée, & dont l'efpoir jeta des char-mes même fur les horreurs du tombeau. Douce illufion ! je m'abandonne aux mouvemens délicieux que vous me faites éprouver ; & j'aime mieux un fentiment qui me confole, qu'une vérité qui m'éclaire, ou des doutes qui me tourmentent !

Mais, en attendant que la Mufe de l'Hiftoire établiffe en France fon empire, pourquoi ne pas nous empreffer de marcher fur les traces des Républiques anciennes ? Ce n'était pas affez pour les Athéniens d'avoir raffemblé

dans le *Céramique* * les ftatues de leurs Grands Hommes ;
c'était peu pour les defcendans de Romulus d'avoir pla-
cé dans le veftibule de leurs édifices les images de leurs
ancêtres : dans les temples , les galeries , les proménades ,
les places publiques ; des bas-reliefs & des tableaux re-
préfentaient de belles actions , des événemens fameux ,
de grandes batailles ; au milieu des champs même , les
trophées , les obélifques , les tombeaux , étaient autant de monumens hiftoriques (10). A l'exemple de
ces célèbres Républicains , que les faits qui fervent de
fondement à notre régénération , je veux dire , les plus
illuftres , les plus éclatans , les plus agréables ; ceux qui
peuvent frapper l'imagination & donner à l'âme une
conftante énergie , foient offerts par les Arts, à l'admiration & à la reconnaiffance publique. Que les ftatues des
Fondateurs de notre indépendance , les deftructeurs du
defpotifme , les amis de l'humanité, ne foient pas con-
centrées dans le Panthéon ; que les buftes des *Defilles*
& des *Chalier* , des *Lepelletier* & des *Marat* vivifient les
différens points de la France : le génie qui animait ces
grandes âmes , enflammera des hommes libres : il fe
fera d'un Héros à l'autre une réflexion de lumière ; au-
cun de fes rayons ne fera perdu pour la vertu.

Et vous , peuple Français , qui commandez en cet
inftant l'admiration à l'univers ; fi vous voulez ne rien
perdre de votre étonnante dignité , n'oubliez jamais que
les traits acérés de l'envie font toujours dirigés fur vous ,
& que la poftérité vous regarde ! Quelle que foit la fu-
blimité de votre génie , l'héroïfme de vos facrifices , l'in-
trépidité de votre courage , ne vous croyez pas encore

---

* Voyez Anacharfis.

aſſez grands , pour avoir le droit de vous permettre de l'inſouciance ou des faibleſſes. Avant de vous livrer à de glorieux ſouvenirs , attendez que l'arbre de la Liberté , comme un cèdre vigoureux , ait triomphé des aquilons & des tempêtes. *Souviens-toi* , diſait un Philoſophe à un Républicain , *que chaque jour de ta vie doit être un feuillet de ton hiſtoire* : il faudrait que ce fût la première parole qu'on vous fît entendre , le premier ſentiment qui vous occupât à votre réveil , & que ſon impreſſion vivifiât tous les momens politiques de votre exiſtence (11). Que les eſclaves des Rois courent après des jouiſſances qui ne laiſſent que des regrets ; qu'à travers les plaines & les vallons , ils s'empreſſent de cueillir des fleurs qui ne voient ſouvent qu'une aurore ; pour vous , vous devez reſter inébranlables ſur le ſommet de la Montagne , d'où découlent ces ſources d'eaux vives qui doivent féconder la terre : l'air vierge qu'on y reſpire , purifiera vos ſens , électriſera vos âmes ; c'eſt là que vous trouverez les mâles productions de la Nature.

NOTES ET REMARQUES.

(1) On fait que les plaines de la Sicile ne font jamais plus fé-
condes, qu'après l'éruption du Véfuve. Les laves qui fortent du
volcan, en fe répandant fur la terre, lui donnent une énergie qu'elle n'aurait jamais eu fans elles. Les matières falines & bitumi-
neufes qui les compofent, lorfqu'elles font refroidies & pulvé-
rifées, font autant de fermens qui avivent pour de longues années, fes facultés productives. C'eft fans doute la fertilité de
ces contrées qui attache leurs malheureux habitans à un fol
qui leur préfente tant de dangers : il faut bien que quelque
chofe les dédommage de ces cruelles inattentions de la nature !

(2) Pour fe convaincre de la vérité de cette affertion, on n'a
qu'à parcourir l'hiftoire de la Ligue & de la Fronde.

(3) Tite-Live compofa fa belle hiftoire pendant le règne
d'Augufte, & furvécut même de quatre ans à cet Empereur.
Mais comme il mourut dans un âge avancé, à 72 ans, la République put s'attribuer d'avoir produit & formé ce grand Hiftorien, puifqu'il devait être âgé de 28 ans, lorfque la victoire
d'Actium mit un terme à la réfiftance qu'Octave avait éprouvée,
& l'inveftit du pouvoir fuprême. Malheureufement cette partie
de fon hiftoire, qui contenait les nobles efforts de la Liberté,
dans les derniers temps de la République, eft perdue; mais
on peut juger de l'efprit qu'elle refpirait, par le témoignage
que lui rend un grand Ecrivain. Ce fublime & étonnant Hiftorien, quoique honoré de l'eftime & de l'amitié qu'Augufte
avait la prudence de faire éclater pour les fublimes génies qui
florifiaient de fon temps, fut toujours fidelle à la caufe de la
Liberté. Loin de donner à Brutus & à Caffius les noms de
brigands & de parricides, comme la flaterie le fit faire enfuite,
il les traitait d'hommes illuftres, & louait Pompée avec fi
peu de ménagement, qu'Augufte le nommait Pompéïen. *Voyez
Tacite, Annales, liv.* 4.

L'âge de Tacite eft fi proche de celui de Cicéron , qu'il peut être compté pour le même ; & c'eft auffi dans ce temps que fleurirent les derniers des grands Ecrivains de Rome ; car Tacite eut pour contemporains Quintilien , les Pline & les Juvenal. Après eux toute la faveur des Empereurs, quoique honnêtes gens & philofophes, ne put foutenir l'ancien efprit, ou produire des écrivains comparables à ceux des jours de la Liberté. *Manebant etiam tunc veftigia morientis Libertatis.* Tacite, Annales.

(4) Il a toujours exifté & il exifte encore à la Chine un tribunal hiftorique, chargé par une loi fondamentale de l'état, de configner dans les faftes de l'Empire, les vertus & les vices du Monarque régnant. L'Empereur *Tai-t-fong* ordonna un jour à ce tribunal de lui montrer l'hiftoire de fon règne. Tu fais, lui dit le Préfident, que nous donnons un récit exact des vertus & des vices de nos Souverains , & nous ne ferions plus libres de dire la vérité, fi tu jetais les yeux fur nos dépôts. Quoi! reprit l'Empereur, tu veux tranfmettre à la poftérité l'hiftoire de ma vie ? & tu prétends auffi l'informer de mes défauts, l'inftruire de mes fautes ? — Il n'eft, répond le Préfident, ni de mon caractère, ni de la dignité de ma place d'altérer la vérité; je dirai tout. Si tu fais quelque injuftice, tu me feras de la peine; fi tu te rends coupable d'une légere indifcrétion, j'en ferai pénétré de douleur, mais je ne tairai rien. Telle eft l'exactitude & la févérité des devoirs que m'impofe ma qualité d'Hiftorien: même il ne m'eft pas permis de paffer fous filence la converfation que nous avons enfemble. *Tai-t-fong* avait de l'élévation dans l'âme : continue, dit-il au Préfident ; écris, & dis fans contrainte la vérité. Puiffent mes vertus ou mes vices contribuer à l'utilité publique, & à l'inftruction de mes fucceffeurs! Ton tribunal eft libre, je le protège, & lui permets d'écrire mon hiftoire avec la plus grande impartialité.

(5) Clio, l'une des neuf Mufes, fille de Jupiter & de Mnémofine, préfide à l'Hiftoire. On la repréfente couronnée de laurier, une trompette dans la main droite, & un livre dans la gauche.

(6) Nous avons vu, dit *Tacite*, traiter comme criminels d'é-

tat, fous *Domitien*, *Rufticus*, pour avoir fait l'éloge de *Threféa*; *Sénécion*, pour avoir fait celui *d'Helvidius*. On ne s'en tint pas à condamner les Auteurs : leurs immortels ouvrages furent flétris & brûlés par autorité publique, dans le lieu même qui était autrefois le fiège de la Liberté. *Vie d'Agricola*.

(7) *Otacilius* avait été efclave de Pompée. Ce grand homme content de fes fervices, & lui connaiffant des talens, l'affranchit. Dès que celui-ci eut obtenu fa liberté, il s'avifa d'écrire l'Hiftoire Romaine. Comme on ne croyait pas qu'un homme qui avait porté des fers, & qui en confervait encore l'empreinte, pût jamais avoir les qualités qui conftituent l'Hiftorien, on fut étonné à Rome de fon audace, & fon ouvrage fut défendu. *Otacilius, primus omnium libertinorum fcribere hiftoriam orfus, nonnifi ab honeftiffimo quoque fcribi folitam*. Cornelius Nepos, in fragmentis.

(8) *Aretin* était un Auteur très-fatyrique : il outragea les Rois avec une hardieffe fi brutale, qu'il fut appelé *le fléau des Princes*. Charles-Quint & François premier achetèrent à grands frais fon filence. Des Princes d'Italie, moins complaifans que ces deux Rois, n'employèrent que le bâton pour le faire taire, & leur férocité s'en trouva mieux : ils purent appefantir un joug d'airain fur le peuple, fans craindre d'être troublés dans leurs barbares jouiffances. Les préfens, loin de le calmer, ne faifaient qu'augmenter fa rage. Charles-Quint, à fon retour d'Afrique lui envoya, pour l'engager à fe taire, une chaîne d'or de la valeur de cent ducats : voilà, dit le fatyrique, *un bien petit don pour une fi grande fottife*. Il fe vantait que fes libelles faifaient plus de bien au monde que les fermons. On difait de lui *que fa plume avait affujetti plus de Princes, que les Princes n'avaient fubjugué de peuples.*

(9) Briarée était fils de Tytan & de la Terre. C'était un géant d'une force extraordinaire, & qui avait cinquante têtes & cent bras. Il vomiffait des torrens de flamme ; il lançait contre le ciel des rochers entiers, qu'il avait déracinés. Junon, Pallas & Neptune, ayant réfolu d'enchaîner Jupiter dans la guerre des Dieux, Thétis gagna Briarée pour Jupiter, qui lui rendit fon amitié, & lui pardonna fa révolte avec les géans. En

rapprochant ici ce trait de la Fable , on a voulu faire allusion à la masse invincible du peuple Français , & aux efforts inutiles des puissances étrangères.

(10) Les images font mille fois plus éloquantes que les préceptes , & s'impriment plus profondément : c'est ce qu'avaient compris les anciens Grecs & les Romains ; aussi apprenaient-ils leur histoire , même fans favoir lire , en fe promenant dans leurs villes , ou à la campagne.

(11) Chez un ancien peuple il y avait une loi qui « ordon-
» nait de graver fur un monument public toutes les grandes
» actions que ferait le Prince. On élevait une colonne dans un
» Temple ; on la montrait au Prince le premier jour de son
» règne , & on lui difait : voici le marbre où on doit graver le
» bien que tu feras ; voici le burin dont on doit fe fervir : que
» la poftérité vienne lire ici ton bonheur & le nôtre.

Thomas , Essai fur les éloges.

Je voudrais , qu'à l'imitation de cet ancien peuple , on élevât dans nos temples de la Raison des colonnes , fur lesquelles on graverait avec pompe , le jour de la décade , quelqu'une des belles actions de nos Républicains. Cette augufte cérémonie , en même-temps qu'elle ferait un acte de juftice , ferait une leçon & un encouragement pour ceux qui en feraient les témoins. Qui ne ferait enflammé du défir de fe voir inferit un jour , par la Patrie , fur ces regiftres parlans & durables ?

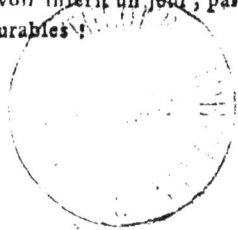

www.ingramcontent.com/pod-product-compliance
Lightning Source LLC
Chambersburg PA
CBHW061814040426

42447CB00011B/2649